AF453077

LES TEMPS DIFFICILES

(PANAMA)

PAR

J.-L. FORAIN

— ❦ —

PARIS

G. CHARPENTIER ET E. FASQUELLE, ÉDITEURS. — 11, RUE DE GRENELLE, 11

1893

LES TEMPS DIFFICILES

LES TEMPS DIFFICILES

(PANAMA)

PAR

J.-L. FORAIN

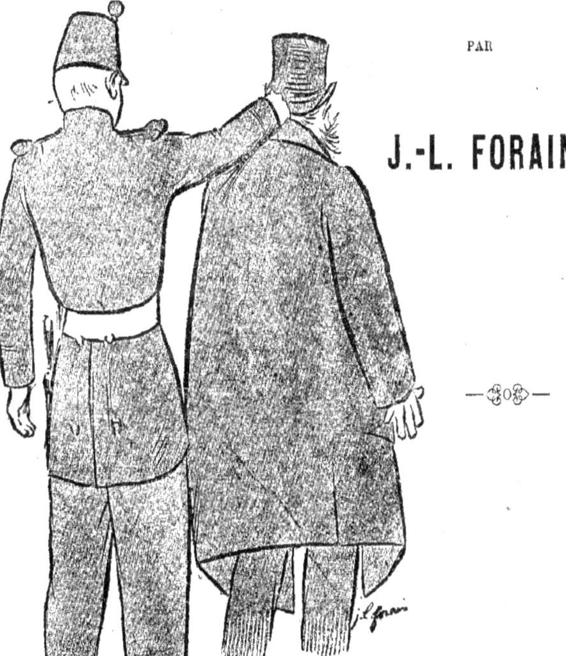

— ✢○✢ —

PARIS

G. CHARPENTIER et E. FASQUELLE, éditeurs. — 11, RUE DE GRENELLE, 11

1893

— *Est-ce que le Président aime le gibier ?... Informez-vous donc de ça!*

— *Buisqu'il n'y a blus rien à cagner ici, nous allons enfin poufoir retef'nir Allemands !*

— Enfin !
— Quoi ?
— C'est de M. Franqueville !

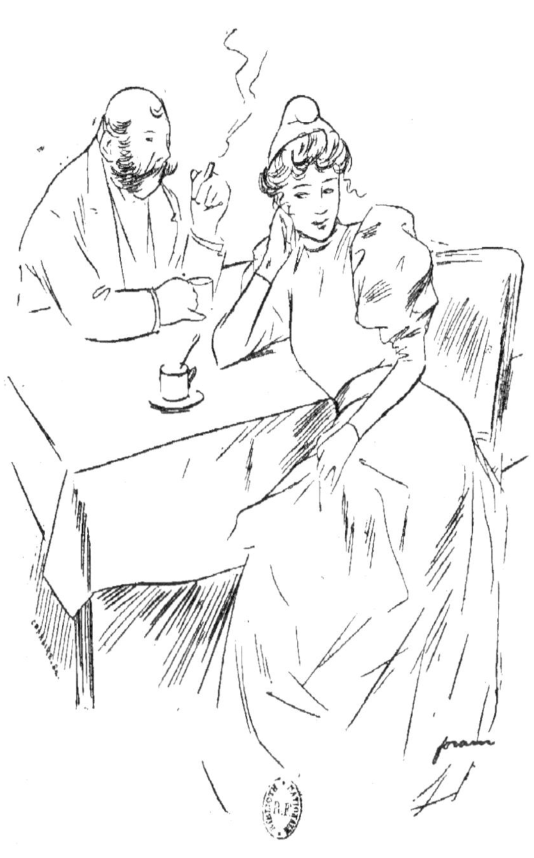

— *A quoi penses-tu, Marianne?*
— *Je pense à retourner chez mes parents....... à Belleville !*

- *Allons, mon oncle, un bon mouvement!*

— *Chut !..... celui-là c'est un ministre !*

COMMISSION
D'ENQUÊTE

— Ohé ! la Vérité, ohé ! n'sors pas de c'froid-là..... tu t'enrhumerais !

— Mais mon ami, tu sais bien que si nous n'avons rien touché, c'est qu'on n'te prenait pas au sérieux.

— *Ils ont en ce moment, à Mazas, une petite « boule de son »... C'est une merveille avec du beurre !*

— *Devant vos insolences, monsieur, je vous ai envoyé mes témoins.*
— *Je les ai reçus, monsieur, — ils sont au secret.*

— Pardon, je vois bien le chien, mais où est l'aveugle ?
— Il a été appelé devant la commission d'enquête.

— *Reviens avec nous, on te pardonnera... mais ne nous force pas à t'aller chercher !*

— Je suis de l'avis de ton fils : tu nous a déshonorés en acceptant de l'argent, mais tu nous ruinerais en voulant le rendre.

— *Ma chère Albion, voilà une petite costioume qui vient de Berlin !*

— *Portez ça au dégraisseur.*

— *Votre mari se battant aujourd'hui avec un député, je viens voir si votre dîner de ce soir tient toujours.*

— *Naturellement... puisque c'est au pistolet.*

— Voyons, rappelle-toi... Arton... un qui donnait de l'argent aux hommes...

— *Vous le voyez, mon ami : j'ai les mains nettes!*

— *Et moi, les poches vides !*

.... *notre prestige détruit... tes économies dilapidées...*
— *Mes économies ? Farceur, tu sais bien que je n'ai jamais pu en faire !*

— *Que tu sois sur la liste d'Arton, fallait t'y attendre... mais l' plus clair de tout ça, c'est qu' mon « jour » est fichu !*

forain

— *Pauvre homme ! pendant que tu touchais dix malheureux mille francs, les autres en palpaient des cent mille !*

— *Il paraît qu'on vient de relâcher mon mari… il n'est pas ici ?*

M. FRANCE

— C'est convenu, sitôt relâché je vous prends comme garçon de recettes... car
j'aurai besoin d'un honnête homme !

— *Monsieur chante... et sa rosse dit qu'y faut nous renvoyer à cause du scandale...*

— *Les filous !*

CARAN D'ACHE

— *Ma guigne est dans les cartes ! un malheur... par un homme de Loi... et ça n'est pas fini !*

— *Monsieur, on vient pour une perquisition...*

— *Comment!... encore!...*

— *Dites bien à vos lecteurs que, voulant la France respectée et prospère, je vais renvoyer au liquidateur les soixante-quinze mille sept cent onze francs que je n'ai pas touchés !*

(*Un Ministre*). — *Voulez-vous rendre un grand service au Cabinet ? Dans votre interpellation, appelez-moi voleur !...*

— Moi me représenter aux élections ? Jamais ! le métier est perdu pour dix ans

— Allons, allons… du courage… vous avez en ce moment une excellente Presse !